Moïse ILOKO KITUMBAMOYO

Les 5 pas vers l'accomplissement de la destinée

Moïse ILOKO KITUMBAMOYO

Les 5 pas vers l'accomplissement de la destinée

Éditions Croix du Salut

Imprint

Cover image: www.ingimage.com

Publisher:
Éditions Croix du Salut
is a trademark of
Dodo Books Indian Ocean Ltd., member of the OmniScriptum S.R.L Publishing group
str. A.Russo 15, of. 61, Chisinau-2068, Republic of Moldova Europe
Printed at: see last page
ISBN: 978-620-3-84279-1

Evangéliste
Moïse ILOKO KITUMBAMOYO

LES 5 PAS VERS L'ACCOMPLISSEMENT DE LA DESTINEE

Tél. : +243 974 648 774 / 815 780 058
Ilokomoise20050@gmail.com

REMERCIEMENTS

Je remercie de prime à bord le Saint-Esprit, lui qui m'a téléchargé les mots et les phrases justes dans l'élaboration de cette chand 'œuvre portant sur :" ***Les 5 pas vers l'accomplissement de la destinée*** ".

Je fais parvenir mes reconnaissances en particulier, à mon Père spirituel Bishop **Sakodi PETRO,** je l'appelle aussi " *kamikaze de l'évangile*", car sans lui je n'aurai pu arriver à la dimension des aigles, à la connaissance parfaite des écritures. Il m'a forgé à la lumière des écritures saintes.

Je remercie en outre tous les hommes de Dieu qui, sans qu'ils le sachent ont influencé par leurs enseignements et prédications en particulier: l'apôtre **Shora KWETU** ; le Prophète **Joël Francis Tatu ;** l'Apôtre **Marcelo TUNASI** et Pasteur **Espérance MBAKADI**.

***

INTRODUCTION

Je définis la destinée comme étant: un chemin par lequel parcoure un homme avec un Dieu. La destinée est donc un homme, un Dieu et un chemin. Dans la destinée il n'a pas deux hommes ou trois hommes. La destinée ne concerne qu'un seul homme, qu'un seul Dieu et qu'un seul chemin.

La bible dit dans Jérémie 29:11 « *Car je connais les projets que j'ai formés sur vous, dit l'Éternel,* ***projets de paix et non de malheur, afin de vous donner un avenir et de l'espérance.*** »

Dieu nous a destiné à un projet de bonheur. Le projet de Dieu pour les hommes n'est pas une vie dans le péché (malheur), mais une destinée glorieuse (salut). L'apôtre Paul dans 1 Thessaloniciens 5:9 « *Car Dieu ne nous a pas destinés à la colère, mais à l'acquisition du salut par notre Seigneur Jésus Christ,* ».

Le but de Satan et de ses démons est maintenir les hommes dans l'ignorance (Osée 4:6). Plusieurs personnes sont ignorantes de leurs droits légitimes en oubliant que Dieu a un projet de bonheur pour ses enfants. Comme il l'a fait avec Adam et Eve en les éloignant de la face de Dieu ; le diable cherchera toujours par des ruses faire avorter la destinée d'un enfant de Dieu.

Premier pas :

L'ATTACHEMENT À LA GRÂCE DE DIEU

La première chose qui va vous propulser dans la destinée c'est " *la grâce de Dieu*". Le mot grâce en latin " *gratia* " c'est à dire, « *faveur qu'on fait à une personne sans être obligé* ».

Le sens le plus commun du mot grâce dans la Bible est " ***faveur imméritée de Dieu*** ". La grâce s'adresse donc à des gens qui ne méritent rien. La grâce est une faveur imméritée. J'aimerais souvent dire, la grâce ne qualifie que les personnes disqualifiées. La grâce nous empêcher de rechercher la gloire et honneur en dehors de Jésus-Christ.

⇒ *La grâce dans la vie de Marie*

Dans l'Évangile de Luc 1:26-28 la Bible dit: « *Au sixième mois, l'ange Gabriel fut envoyé par Dieu dans une ville de Galilée, appelée Nazareth, auprès d'une vierge fiancée à un homme de la maison de David, nommé Joseph. Le nom de la vierge était Marie. L'ange entra chez elle, et dit:* ***Je te salue, toi à qui une grâce a été faite; le Seigneur est avec***

toi. » Et en lissant le verset 30, L'ange dit à Marie : « *Ne crains point, Marie; car* ***tu as trouvé grâce devant Dieu.*** »

Marie a trouvée grâce devant Dieu. Elle n'était pas la seule vierge dans sa region, elle n'était pas si belle ou sainte que les autres mais Dieu l'a fait grâce de porter son fils unique Jésus. Dans sa volonté, Dieu a préféré Marie.

La grâce c'est aussi une préférence. Jacob avait 12 fils mais il a préféré son fils Joseph de tous ses fils et lui a fait une tunique de plusieurs couleurs. Cela ne veut pas dire que Jacob haïssait ses autres fils mais Joseph avait trouvé grâce devant son père que ses frères. Il a été préféré que les autres.

Le mot préférer du latin " ***Praeferre*** " veut dire, « *se déterminer en faveur d'une personne ou d'une chose plutôt que d'une autre ; c'est aimer mieux, estimer d'avantage par rapport à l'autre*».

Dieu est Juste mais il arrive de fois où il devient injuste devant les hommes c'est quand il fait grâce à qui il veut.

Jean 1:16-17 dit: «*Et nous avons tous reçu de sa plénitude,* ***et grâce pour grâce;*** car la loi a été donnée par Moïse, ***la***

grâce *et la vérité sont venues par Jésus Christ.»* par Jésus-Christ Dieu nous a ouvert la porte de la grâce.

⇒ *La grâce dans la vie d'agar*

Nous trouvons dans Galates 4, 21 à 31; l'apôtre Paul qui parle de Sara, la femme d'Abraham, et de sa servante Agar, ainsi que de leurs fils Isaac et Ismaël, en signalant expressément un sens allégorique: ces personnes sont des figures de la grâce et de la loi. Sara qui demanda à Abraham de chasser Agar et son fils Ismaël. Mais cela n'a pas empêché que la grâce de Dieu poursuit Agar et son fils dans le désert.

Lisons cette histoire dans Genèse 21:9-19:

« *Sara vit rire le fils qu'Agar, l'Égyptienne, avait enfanté à Abraham; et elle dit à Abraham: Chasse cette servante et son fils, car le fils de cette servante n'héritera pas avec mon fils, avec Isaac. Cette parole déplut fort aux yeux d'Abraham, à cause de son fils. Mais Dieu dit à Abraham: Que cela ne déplaise pas à tes yeux, à cause de l'enfant et de ta servante. Accorde à Sara tout ce qu'elle te demandera; car c'est d'Isaac que sortira une postérité qui te sera propre. Je ferai aussi une nation du fils de ta servante; car il est ta postérité. Abraham se leva de bon matin; il prit du pain et une outre d'eau, qu'il donna à Agar et plaça sur son épaule; il lui remit aussi l'enfant, et la renvoya. Elle s'en alla, et s'égara dans le désert de Beer Schéba. Quand l'eau de l'outre fut épuisée, elle laissa l'enfant sous un des arbrisseaux, et alla s'asseoir vis-à-vis, à une portée d'arc; car elle disait: Que je ne voie pas mourir mon enfant! Elle s'assit donc vis-à-vis de lui, éleva la voix et pleura. Dieu entendit la voix de l'enfant; et l'ange de Dieu appela du ciel Agar, et lui dit: Qu'as-tu, Agar? Ne crains point, car Dieu a entendu la voix de l'enfant dans le lieu où il est. Lève-toi, prends l'enfant, saisis-le de ta main; car je ferai de lui une grande nation. Et Dieu lui ouvrit les yeux, et elle vit un puits d'eau; elle alla remplir d'eau l'outre, et donna à boire à l'enfant.»*

La Jalousie de Sara a permis que sa servante Agar et son fils Ismaël soient chassés de la maison d'Abraham son mari mais cette jalousie n'a avait pas empêchée que la grâce de Dieu soit sur eux dans le désert.

Agar était avec son fils dans le désert et c'est là que l'ange de l'Éternel s'est révélé à elle.

La grâce de Dieu n'a pas besoin que tu sois dans un milieu confortable ou favorable.

⇒ *La grâce dans la vie de Mephibosheth*

Mephibosheth était le fils de Jonathan, était perclus des pieds; alors qu'il était enfant, sa nourrice dans sa fuite l'avait laissé tomber et il était devenu boiteux (2 Sam. 4: 4).

Mephibosheth était estimé digne de manger continuellement à la table du roi David alors qu'il était un boiteux de deux pieds.

Devant les hommes, Mephibosheth était disqualifié mais devant Dieu il était qualifié. C'est la grâce de Dieu qui l'a qualifié. Il était perclus des deux pieds, ce qui veut dire qu'il ne pouvait rien faire par ses propres moyens, ce qui veut dire qu'il ne pouvait que compter sur la grâce.

Sans la grâce de Dieu nous ne pouvons pas être qualifiés. C'est la grâce qui justifie, ce n'est pas nos mérites, ce n'est pas les œuvres de la loi.

Un défaut corporel n'est pas une disqualification ! Ce n'est pas parce que vous êtes handicapé que vous êtes disqualifié. D'ailleurs la grâce préfère les personnes disqualifiées d'avance.

La grâce qualifie les personnes disqualifiées.

L'handicap, la laideur, la couleur, la tribu, la taille, la langue, l'analphabétisme, etc. n'est pas une disqualification. Après la grâce de Dieu, ce qui te fera entrer dans ta destinée c'est lorsque vous découvrez qui vous êtes réellement.

La grâce de Dieu justifie. La justification c'est la transformation que Dieu apporte à un pêcheur pour le rendre juste suite à œuvre de miséricorde (propitiatoire) accompli par Jésus-Christ.

La grâce de Dieu agît là où l'intelligence, la force, la famille et les connaissances de l'homme sont limitées et infructueuses. La grâce c'est la main de Dieu dans la vie d'un homme.

À cause de la grâce, Paul pouvait dire de lui-même: « ***Par la grâce de Dieu, je suis ce que je suis*** », *et: «Quand je suis faible, alors je suis fort»* (1 Cor. 15, 10; 2 Cor. 12, 10).

Abraham dit à Dieu qu'il a d'emblée reconnu dans le groupe des trois hommes qui sont venus vers lui: « ***Seigneur, si j'ai trouvé grâce à tes yeux, ne passe point outre****, je te prie, d'auprès de ton serviteur* » Genèse 18:3.

Abraham avait reçu trois hommes mais tellement qu'il était un homme spirituel, il a pu reconnaître et différencier le Seigneur (Dieu) d'avec ses serviteurs (les anges) et il s'est attaché directement à la grâce de Dieu parce que lorsque Dieu veut faire quelque chose à un homme ; il se présente devant lui en ***«grâce»***. La grâce c'est la miséricorde de Dieu.

Avant la sanctification d'abord la grâce, avant les jeûnes d'abord la grâce, avant les prières d'abord la grâce, avant les offrandes d'abord la grâce...

L'appartenance au royaume de Dieu ouvre la connaissance aux choses spirituelles par la grâce de Dieu qu'il nous accorde. L'apôtre Paul pouvait dire, « *Or nous, nous n'avons pas reçu l'esprit du monde, mais l'Esprit qui vient de Dieu,* ***afin que nous connaissions les choses que Dieu nous a données par sa grâce*** » 1 Corinthiens 2:12.

La première chose qui permet à une personne de faire un pas vers l'accomplissement de sa destinée ce n'est pas ses prières, ses efforts, son statut, ses capacités physiques ou intellectuelles mais c'est l'attachement à la grâce de Dieu.

Plusieurs personnes s'attachent à des prières de jeûne, d'autorité, d'intercession mais ils oublient d'offrir à Dieu la prière d'actions de grâce.

Dans l'Ancienne Alliance, les israélites pouvaient offrir à l'Éternel des offrandes. Le mot « *offrande* » en latin veut dire " ***Offerendus*** "c'est à dire que doit être offert, victime, sacrifice.

J'aimerais apporter à juste titre un commentaire sur «le sacrifice d'actions de grâce» dans l'Ancien Testament.

Celui qui offrait des sacrifices d'actions de grâce désirait glorifier l'Eternel et invoquer son nom. « *Qu'ils offrent des **sacrifices d'actions de grâces**, Et qu'ils publient ses œœuvres avec des cris de joie!* ». Psaumes 107:22.

L'action de grâce était une fête d'allégresse et de communion avec Dieu. L'homme offrait ce sacrifice certainement pour exprimer sa louange à la suite d'un exaucement de prière, pour témoigner de l'accomplissement d'un vœu ou encore pour remercier Dieu, par exemple, pour la moisson.

Selon Lévitique 7.1-11, cette actions de grâces avait trois (3) sous catégories :

1. ***Offrande par reconnaissance*** (reconnaissance ou confession), certainement en reconnaissance de bénédictions imméritées ;

2. ***Offrande pour l'accomplissement d'un vœu***

« *Je devais* ***un sacrifice d'actions de grâces****, Aujourd'hui j'ai accompli mes vœux* ». Proverbes 7:14.

« *Offre pour sacrifice à Dieu* ***des actions de grâces****, Et accomplis tes vœux envers le Très Haut* ». Psaumes 50:14.

« *Pour moi, je t'offrirai des sacrifices avec un cri* ***d'actions de grâces****, J'accomplirai les vœux que j'ai faits: Le salut vient de l'Éternel* ». Jonas 2:9.

3. ***Offrande volontaire*** offerte de bon cœur et sincère, afin d'exprimer son amour à l'Eternel.

Les sacrifices d'actions de grâces préfiguraient celui de Jésus-Christ qui allait offrir sa vie pour procurer la paix avec Dieu par son sang expiatoire. Dès lors, Dieu a été apaisé envers le pécheur réconcilié.

Jésus-Christ nous a réconciliés avec Dieu. Il nous a mis en paix avec le père. Cette paix et cette communion devraient conduire le chrétien à des actions de grâces quotidiennes et pour l'éternité.

« Ne vous inquiétez de rien ; mais en toute chose faites connaître vos besoins à Dieu par des prières et des supplications, ***avec des actions de grâces.*** » (Philippiens. 4:6)

- **Témoignage:** J'ai malheureusement constaté que certains leaders des églises locales demandent aux fidèles de leurs assemblées de l'argent en échange de leurs prières en inventant toutes sortes de choses que la Bible ne mentionne pas : (*offrandes du prophète, du bélier, de l'agneau, du bouc ou encore une offrande pour construire un autel, pour détruire un autel*). Afin d'attirer la grâce de Dieu. C'est regrettable !

La grâce de Dieu est inconditionnelle. La grâce de Dieu ne s'achète pas. C'est un don gratuit de Dieu.

- **Témoignage** : Un dimanche dans un culte à l'église locale dont je servais Dieu comme évangéliste ; il y avait le prédicateur qui va enseigner en ses termes: *« il y a des personnes dont les noms sont inscrits dans le livre de la mort. Vous allez venir prendre des enveloppes et mettre la somme de 3000 francs congolais, je vais prier et vos noms seront inscrits dans le livre de vie ».* J'étais étonné de voir que plusieurs chrétiens sont venus prendre les enveloppes comme si on peut acheter le ciel. C'est vraiment regrettable. Quelle hérésie !

Aucune offrande ne peut vous inscrire dans le livre de vie ou vous donnez accès à la vie éternel si ce n'est celui de Jésus-Christ à la croix de Golgotha.

On achète pas la grâce, on ne fournit pas d'efforts pour avoir la grâce. La grâce c'est un don gratuit de Dieu.

Romain 3:24 dit: « *et ils sont* ***gratuitement justifiés par sa grâce****, par le moyen de la rédemption qui est en Jésus Christ* ». Et le chapitre 6:23 renchérit: « ... ***le don gratuit de Dieu, c'est la vie éternelle en Jésus Christ notre Seigneur*** ».

C'est à cause de la grâce de Dieu que l'Apôtre Paul pouvait dire de lui-même: « ***Par la grâce de Dieu, je suis ce que je suis*** » 1 Corinthiens 15: 10.

Nous devons apprendre à nous tourner vers le Seigneur et dire avec assurance: Seigneur! Accorde-moi la grâce.

Deuxième pas:

DÉCOUVREZ VOTRE IDENTITÉ

Lorsque vous vous regardez sur le miroir ou dans l'eau, qui voyez-vous ? Vous êtes plus que ce qui est écrit sur votre carte d'identité, passeport, visa, etc.

Dieu a dit à Jérémie: « *Avant que je t'eusse formé dans le ventre de ta mère,* ***je te connaissais,*** *et avant que tu fusses sorti de son sein,* ***je t'avais consacré, je t'avais établi prophète des nations*** ». Jérémie 1:5

Dieu avait identifié Jérémie avant même qu'il existe. Dieu savait que Jérémie s'appellerait Jérémie. Dieu savait qu'il serait un prophète des nations avant même qu'il soit prophète. C'est Dieu qui l'avait précédemment identifié avant même que Jérémie découvre qui il était.

Un auteur africain disait : ***« Dans la vie d'une personne il y a deux jours qui sont plus importants. Le premier c'est le jour où vous êtes né et le deuxième c'est le jour où vous découvrez pourquoi vous êtes né ».***

J'ai constaté que la plupart des gens veulent être quelqu'un d'autre. Tout le monde veut être comme tout le monde. Tout le monde veut faire comme tout le monde.

Dieu ne vous a pas appelé à être une photocopies ou un pneu de réserve d'une autre personne. Soyez une version originale de vous-même.

Dieu a donné à chacun de nous «***une identité spéciale***». Il s'avère très important de comprendre c'est quoi le mot « IDENTITE ».

L'une des définitions de l'identité d'une personne et qui me paraît claire et simple c'est la définition philosophique de l'identité personnelle.

D'après cette définition philosophique, l'identité personnelle ***« C'est le fait d'être un individu à la fois distinct*** *(diffèrent, contraire, particulier)* ***de tous les autres et demeurant le même à travers le temps ».***

Une autre définition de l'identité qui me parait aussi intéressante c'est celle des sciences sociales « ***l'identité c'est la reconnaissance*** *(découverte)* ***d'un individu par lui-même ».***

Plusieurs personnes souffrent de la crise d'identité c'est à dire l'incapacité d'avoir une identité qui lui est propre.

Exemple: Tout le monde veut chanter comme quelqu'un d'autre, prêcher comme quelqu'un d'autre, devenir comme quelqu'un d'autre.

Dieu ne nous a pas appelé à porter les identités des autres mais d'avoir une identité dont il nous a donné avant même que nous soyons né sur la terre.

Certes ! Avoir un modèle, un mentor n'est pas mauvais à un stade de croissance spirituelle mais vous ne devriez pas rester derrière vôtre modèle des années en années. Vous avez une identité. Votre manière de faire les choses détermine vôtre particularité (identité). Vous n'êtes pas appelé à faire comme tout le monde.

Si Élie a frappé l'eau avec son manteau pour traverser ; Élisée lui va frapper l'eau avec l'habit d'Élie. Si Moïse a étendu sa main pour que l'eau de la mer se sépare en deux; Jésus-Christ lui marchera sur l'eau.

Élie, Élisée, Moïse et Jésus-Christ sont des personnes qui ont découvertes leurs identités. Celui qui connait son identité ne cherchera pas à être quelqu'un d'autre.

Nous sommes attachés à un même corps qui est le Christ mais chacun de nous a une identité. L'apôtre Paul nous dit dans 1 Corinthiens 12:14 « *Vous êtes le corps de Christ, et vous êtes ses membres,* ***chacun pour sa part*** ».

En parlant des 5 ministères dans l'église, l'apôtre Paul dit: « *Et il a donné* ***les uns comme*** *apôtres,* ***les autres comme*** *prophètes,* ***les autres*** *comme évangélistes,* ***les autres comme*** *pasteurs et docteurs* ». Éphésiens 4:11.

L'apôtre Paul utilise le terme *"* ***les uns comme****".* Pour démontrer l'importance de l'identité dans l'église. Dieu donne à chaque ministre, à chaque enfant de Dieu une particularité qui l'identifie des autres.

L'une des choses qui bloquent ou freinent la croissance spirituelle d'une église c'est la crise de l'identité. Cela a comme conséquence: l'envie, la haine et la méfiance.

Cet anecdote ci-dessous m'a beaucoup édifié à comprendre l'importance de la découverte de son identité dans la vie :

Un Monsieur était en voyage avec son fils et son ânesse. Comme le chemin du voyage était long, le Monsieur prit son fils et le plaça au-dessus de son ânesse. En arrivant au premier village, les gens du village se moqua de lui en ses termes : « *Monsieur, c'est toi le responsable pourquoi laisses-tu l'enfant sur l'ânesse! C'est sérieux ça !*». Après ce reproche, le Monsieur se dit de changer de rôle, il monta sur l'ânesse et son fils marcha à pieds. En arriva au deuxième village, les habitants cria: « *Monsieur comment tu peux faire souffrir l'enfant en lui faisant marcher sous ce soleil accablant ? Mais il fallait le mettre sur l'ânesse !* ». Cette phrase troubla ce Monsieur et décide de monter sur l'ânesse, lui avec son fils. En arrivant au troisième village, les gens cria contre lui, « *Monsieur ! Comment vous pouvez faire souffrir autant cet animal ? Comment pouvez-vous monter à deux sur l'ânesse ! Mais vous allez faire fatiguer et tuer l'ânesse...*». Le Monsieur se trouva dans une confusion totale et un grand désespoir. Il se dit alors, je vais marcher à pieds avec mon fils et accompagner de mon ânesse. Arriva au quatrième village qui était le dernier, les habitants se mirent à rire terriblement et disant, « *Monsieur vraiment vous n'êtes pas sérieux ! Sous ce soleil accablant vous marchez à pieds avec votre fils alors que vous avez une ânesse! Mais cette ânesse a été faite pour être montée* ».

- *Quelle leçon tirons-nous de cette anecdote ci-dessus ?*

Vous n'accomplirez jamais vôtre destinée tant que vous chercherez à faire ce que tout le monde veut que vous fassiez. Ce voyageur voulait satisfaire le monde mais il n'a pas réussi parce que le monde ce n'est que les critiques.

Ce que Dieu te dit à faire, fait le sans tenir compte de ce que les gens diront.

Lorsque vous associer vôtre destinée avec celle des autres, vous vivrez les expériences des autres alors que Dieu veut avoir une expérience personnelle avec vous.

- Témoignage: Lorsque Dieu m'a convaincu de me marier et s'il serait avec moi; je n'avais rien sur moi. J'étais sans dot, sans travail, sans maison et sans mobiliers. Le jour où j'avais dit à ma famille que je vais me marier, presque tout le monde s'est révolté contre moi. Personne ne voulait s'associer avec moi dans ce projet qu'ils trouvaient nauséabonds. Il fallait soit avancer selon ce que je voulais soit selon ce que la famille voulait. J'étais très découragé et j'ai dû même reporter 2 à 3 fois mon mariage d'une manière officielle et au-moins 3 fois d'une manière non officielle. C'était une situation très stressant… J'ai même reçu des messages des frères, des sœurs et serviteurs de Dieu que comme j'ai reporté le mariage, j'ai ouvert la porte au diable pour mon mariage et mon foyer. Je me suis demandé depuis quand tous ses gens sont devenus des prophètes… d'autres me disaient de reporter seulement et de chercher l'argent. J'ai résisté et finalement j'avais fixé la date du 03 juillet pour le mariage, j'ai imprimé les invitations et les faire-part. malgré cela, j'étais toujours découragé par certains membres de ma famille. Peu de gens m'ont dit courage ça va aller ! Un oncle est venu deux jours avant mon mariage me dire que je dois reporter ce projet car je n'ai rien… Finalement, je m'étais marié à cette date civilement et religieusement en réunissant l'essentiel pour le mariage. J'avais marché à contre-courant pour arriver jusqu'au bout. Et c'est la main puissante de l'Éternel qui me donne aujourd'hui ce témoignage. Alléluia!

Vous n'êtes pas appelé à faire comme tout le monde ; à passer par le chemin de tout le monde ; à devenir quelqu'un d'autre. Car, vous avez une identité différente des autres qui fait que vous ayez un chemin et une destinée différents des autres.

Troisième pas :

LE PRIX À PAYER

Le mot prix en latin «***Pretium***» c'est-à-dire, l'estimation de la valeur d'une chose. Ce qu'il faut payer en contrepartie d'un bien ou d'un service.

Le prix à payer pour la destinée est **les différents sacrifices personnels** que vous devriez faire et **les épreuves** que vous devriez rencontrer et vaincre sur le chemin de votre destinée.

La grâce de Dieu ne doit pas faire de nous des fainéants. Dieu fera pour vous ce que vous ne pouvez faire mais Dieu ne fera jamais pour vous ce que vous pouvez faire.

Si vous voulez que Dieu agisse en votre faveur dans n'importe quel domaine, vous avez votre part et Dieu aussi à sa part à faire. C'est un principe spirituel important.

Tant des gens retardent leurs bénédictions parce qu'ils ne veulent pas payer le prix; ils attendent que Dieu prie à leur place, que Dieu jeûne à leur place, que Dieu se sanctifie à leur place, que Dieu travail à leur place, que Dieu apprenne à leur place. Ils ne font rien et ils croissent les bras. J'appelle ça «*la paresse spirituelle*».

C'est aussi le cas de plusieurs chrétiens. Ils sont des éternels bébés qui ne veulent pas grandir spirituellement malgré les années des conversions et dans l'église locale. Ils courent toujours et sans cesse derrière les pasteurs, les prophètes pour savoir comment entrer dans leur destinée. C'est regrettable !

Les hommes et femmes de destinée savent payer le prix. Jésus-Christ est le premier à avoir payé le prix de sa destinée pour nous racheter et Dieu l'a élevé au-dessus de tout. Si Jésus n'avait pas payé le prix de son ministère; Dieu ne l'aurait jamais élevé.

Les personnes qui sont élevées ne se sont pas seulement attachées à la grâce de dieu, ils ont aussi payées le prix de l'élévation.

L'apôtre Paul dit dans Philippiens 3 : 12-14, « *Ce n'est pas que j'aie déjà remporté le prix, ou que j'aie déjà atteint la perfection;* ***mais je cours, pour tâcher de le saisir****, puisque moi aussi j'ai été saisi par Jésus-Christ...* »

⇒ *Les disciples ont prix à payer dans la barque*

Nous avions monté dans la barque lorsque nous avions reçu Jésus-Christ. **L'objectif de monter à la barque est de passer à l'autre rive** c'est-à-dire, débuter d'une nouvelle vie vers la vie éternelle.

Dans cette traversée, il y a un prix à payer pour les disciples. Ils devraient dans la barque **ramer** donc **fournir des efforts physiques devant le vent** *(obstacles, oppressions, difficultés, tentations, fatigue, etc)* qui leur était contraire.

Le mot vent en hébreu *«Ruach»* et en grec *«Pneuma»*, qui signifie l'Esprit. Le vent est une force invisible. C'est pourquoi le Seigneur Jésus compare cette action du Saint Esprit au souffle du vent: *«Le vent souffle où il veut, et tu en entends le son; mais tu ne sais pas d'où il vient, ni où il va: il en est ainsi de tout homme qui est né de l'Esprit»* Jean 3:8.

Toutefois le vent peut être aussi une image des mauvaises influences. Dans la barque les disciples avaient rencontrés le vent violent.

La vie chrétienne est une vie qui doit rencontrer le vent qui est les épreuves mais il faut payer le prix qui est de ramer.

Dans la barque de la destinée Dieu n'intervient que s'il nous voit fournir des efforts.

Dans Marc 6:48 la Bible dit : « *Jésus vit qu'ils avaient beaucoup de peine à ramer ; car le vent leur était contraire* ». Au verset 51: « ***puis il monta auprès d'eux et le vent tomba*** »

⇒ *Bartimée à payer le prix de sa guérison*

Rien ne vient dans la vie par hasard, Dieu n'est pas le Dieu d'hasard. Il a mis devant nous un chemin par lequel tout celui qui y passe puis lui rencontrer. Bartimée a recouvré la vue parce qu'il avait crié à Jésus. Il a payé le prix.

Marc 10: 48-49 dit: « *Plusieurs le reprenaient, pour le faire taire; mais **il criait beaucoup plus fort**; Fils de David, aie pitié de moi! **Jésus s'arrêta, et dit: Appelez-le.** Ils appelèrent l'aveugle, en lui disant: Prends courage, lève-toi, il t'appelle.* »

⇒ *Zachée à payer le prix de son salut*

Zachée a été sauvé parce qu'il était monté sur un arbre le sycomore. Il avait tout abandonné pour se focaliser sur Jésus. (Luc 19 : 1-5).

⇒ ***La femme à la perte de sang à payer le prix de sa guérison***

La femme à la perte de sang pendant douze ans s'est introduite dans la foule par derrière et toucha le vêtement de Jésus, et elle fut guérie. (Marc 5 : 25-27)

⇒ ***Les deux songes de Joseph une partie cachait le prix à payer***

Dans la vision de Joseph, nous trouvons deux choses importantes. Joseph était le onzième fils de Jacob. Il avait eu deux songes :

Genèse 37: 7 « *nous étions à lier des gerbes au milieu des champs ; et voici, ma gerbe se leva, et elle se tint debout ; et voici,* ***vos gerbes l'entourèrent, et se prosternèrent devant ma gerbe*** ».

Genèse 37: 9 « *Et il dit : Voici, j'ai encore songé un songe ; et voici,* ***le soleil, et la lune, et onze étoiles, se prosternaient devant moi*** ».

Les deux songes ou visions de Joseph étaient les deux dimensions de l'accomplissement de sa destinée.

Pour la première vision, il a vu les **herbes**. Les gerbes sont le résultat de la moisson. Pour avoir les gerbes, il faut labourer la terre, il faut semer, attendre la pluie et au temps de la moisson qu'on récolte. Les herbes c'est l'image du travail de l'homme et de la bénédiction matérielle liée aux efforts de l'homme. Dieu voulait révéler à Joseph qu'il y a des bénédictions qui dépendront de ses efforts.

Pour la seconde vision, Joseph avait vu **les étoiles et la lune**. Les étoiles et la lune sont créées par Dieu. Ce n'est pas les efforts ou le travail de l'homme. Dieu voulait juste démontrer à Joseph qu'il y a des bénédictions qui ne dépendront pas de vos efforts mais de la main puissante de l'Eternel donc de sa grâce.

Pour les deux dimensions de la vision, Dieu voulait simplement dire à Joseph qu'il y a des choses que ma grâce va faire pour vous *(les étoiles et la lune)* mais pour d'autres choses tu dois payer le prix *(les gerbes)*.

⇒ *L'ordination à un prix à payer*

L'ordination dans l'ancien testament selon Exode 29:1-29, observait certains principes avant l'exercice du ministère:

a) *Le lavage* : symbole de la régénération (Tite 3:5 ; Jean 3:5-6) et de la nouvelle naissance. Dieu n'a pas besoin de théologiens, mais de personnes qui ont fait l'expérience de la repentance. On ne peut pas servir Dieu sans être né de nouveau, lavé de ses péchés. L'eau est l'image de la Parole de Dieu qui vient pour nous purifier de toutes nos souillures.

«Je répandrai sur vous une eau pure, et vous serez purifiés ; je vous purifierai de toutes vos souillures et de toutes vos idoles» Ezéchiel 36:25.

b) *L'onction d'huile* : dans la Bible, l'huile est le symbole de la puissance du Saint-Esprit qui vient sur nous afin de nous équiper pour le ministère.

«Vous savez comment Dieu a oint du Saint-Esprit et de force Jésus de Nazareth, qui allait de lieu en lieu faisant du bien et guérissant tous ceux qui étaient sous l'empire du diable, car Dieu était avec lui» Actes 10:38.

«Mais vous recevrez une puissance, le Saint-Esprit survenant sur vous, et vous serez mes témoins à Jérusalem, dans toute la Judée, dans la Samarie, et jusqu'aux extrémités de la terre» Actes 1:8.

Plusieurs personnes pensent que l'huile d'onction qu'on utilise dans certaines églises est l'image de l'appel et la mission.

- **Témoignage**: Dans 2018, j'exercerais le ministère évangélique dans une église de réveil à l'Est de la RD Congo. Un jour Dieu me donna la vision de faire une évangélisation porte à porte. Cette vision je l'ai présenté au responsable de l'église et communiqué à église ; mais chose étonnant, dans cette église locale il y avait plus ou moins neuf évangélistes mais lorsqu'il fallait passer à l'action je me suis retrouvé qu'avec deux évangélistes de l'église et quelques fidèles de l'église que nous avions formé pour l'évangélisation porte à porte. J'étais vraiment déçu! Un an, j'ai encore poursuit la même mission et encore une fois, j'étais presque seul sur le terrain avec deux, trois fidèles alors que l'église avait au-moins neuf évangélistes. J'étais encore déçu et j'avais abandonné par le découragement! Deux années après, ils seront tous consacrés comme des évangélistes et d'autres comme des anciens de cette l'église locale...

Cette expérience m'avait non seulement découragé mais aussi m'avait appris que **l'appel est un fardeau que Dieu met sur une personne appelée à œœuvre.**

Plusieurs personnes sont consacrées sans avoir le fardeau de Dieu qui est l'appel.

Il est regrettable de constater qu'aujourd'hui, beaucoup de personnes se font ordonner comme apôtre, prophète, docteur pasteur et évangéliste alors que c'est le prix à payer de l'appel divin qui donne la puissance et non l'ordination.

Le ministère a un prix, la réussite à un prix, l'onction à un prix, le mariage a un prix. **Il y a des choses que Dieu vous donnerez par sa grâce ; il y a aussi des choses que vous devriez payer le prix.** La grâce de Dieu n'a pas vocation à nous rend des fainéants.

c) Le port des vêtements : *«Les vêtements sacrés d'Aaron seront après lui pour ses fils, qui les mettront lorsqu'on les oindra et qu'on les consacrera. Ils seront portés pendant sept jours par celui de ses fils qui lui succédera dans le sacerdoce, et qui entrera dans la tente d'assignation, pour faire le service dans le sanctuaire.»* Exode 29:30.

Les vêtements sont l'image de la justification. *«Et ceux qu'il a prédestinés, il les a aussi appelés ; et ceux qu'il a appelés, il les a aussi justifiés ; et ceux qu'il a justifiés, il les a aussi glorifiés»* Romains 8:30.

Il y a des dimensions spirituelles que vous n'atteindrez jamais sans payer le prix.

La croissance du ministère dépend du prix à payer: les jeûnes, prière, sanctification, méditation de la parole de Dieu, la piété, l'amour, la patience, la foi, etc.

Quatrième pas:

LE MILIEU

Le milieu est un endroit désigné ou indiqué. Le milieu a une grande place dans l'accomplissement de la destinée. Lorsque vous vous trouvez sur un mauvais lieu cela aura des répercussions sur l'accomplissement de votre destinée.

La Parole de Dieu nous présente des hommes qui se trouvaient dans un lieu autre que celui où ils auraient dû être.

⇒ ***Lot à Sodome***

Dans Genèse 13:10 il est dit: « *et lot leva ses yeux et vit toute la plaine du Jourdain, qui était arrosée partout, avant que l'Eternel détruisît Sodome et Gomorrhe, comme le pays d'Egypte, quand tu viens à Tsoar.* ***Et Lot choisit pour lui toute la plaine du Jourdain****; et Lot partit vers l'orient. Et ils se séparèrent l'un de l'autre* ».

Lot s'est peut-être persuadé que sa condition de vie serait améliorée Sodome alors que c'était un mauvais endroit, un milieu pollué.

C'est le cas des certains chrétiens Africains qui s'efforcent d'améliorer leur vie en allant en Europe quittant l'Afrique. Tout le monde n'est pas destiné d'aller en Europe. Il est possible de réussir tout en étant en Afrique. L'Europe n'est pas le paradis !

⇒ ***Jonas dans le bateau***

Dans Jonas 1, C'est Jonas lui-même qui fait le récit de ce qui le concerne, et qui expose ses propres motifs. Au lieu d'aller à Ninive, là où Dieu l'avait envoyé, Jonas s'embarque dans une autre direction ce qui le conduit finalement à l'expérience la plus angoissante qu'on puisse imaginer, dans le ventre d'un grand poisson.

Plusieurs personnes sont dans le cas de Jonas, ils se retrouvent dans des difficultés parce qu'ils ne veulent pas obéir à la volonté parfaite de Dieu en allant dans le milieu de leur destinée.

Cinquième pas :

SÉLECTIONNER LES BONNES PERSONNES

Dans Luc 10:30-35, Jésus nous présente une parabole d'un homme qui descendait de Jérusalem à Jéricho. La Bible ne nous dit pas ce qu'il allait faire mais nous croyons qu'il était le chemin de sa destinée. Cet homme avait une destination donc une vision à atteindre.

Dans la parabole de Jésus, cet homme va rencontrer trois (3) types de personnes. Lisons d'abord cette portion des écritures puis nous allons l'expliquer.

Luc 10:30-35 « *Jésus reprit la parole, et dit: Un homme descendait de Jérusalem à Jéricho. Il tomba* ***au milieu des brigands****, qui le dépouillèrent, le chargèrent de coups, et s'en allèrent, le laissant à demi mort.* ***Un sacrificateur****, qui par hasard descendait par le même chemin, ayant vu cet homme, passa outre.* ***Un Lévite****, qui arriva aussi dans ce lieu, l'ayant vu, passa outre. Mais* ***un Samaritain****, qui voyageait, étant venu là, fut ému de compassion lorsqu'il le vit. Il s'approcha, et banda ses plaies, en y versant de l'huile et du vin; puis il le mit sur sa propre monture, le conduisit à une hôtellerie, et prit soin* *de lui. Le lendemain, il tira deux deniers, les donna à l'hôte, et dit: Aie soin de lui, et ce que tu dépenseras de plus, je te le rendrai à mon retour».*

Dans cette parabole de Jésus, l'homme qui descendait vers Jéricho avait rencontré trois types de personnes notamment: les Brigands, un Sacrificateur et un Lévite (que nous scindons) et un Samaritain.

Dans le chemin de l'accomplissement de la destinée vous vous rencontrerez surement trois (3) types de personnes:

1. ***Les brigands***

Les brigands sont les premières personnes que cet homme de la parabole de Jésus avait rencontrées. Le mot brigand veut aussi dire: homme qui vole et pille à main armée. Un brigand est un bandit, malfaiteur, pillard, voleur, gangster, assassin, escroc, etc.

Dans l'accomplissement de la destinée, vous raconterez des hommes et des femmes qui seront pour vous comme des brigands. Ils chercheront à occasionner la chuter de votre ministère, de vos entreprises, de votre mariage, de vos projets, etc. Il faut apprendre à découvrir ses hommes et femmes et les écarter sur le chemin de votre destinée.

Parfois, certaines personnes vont faire une alliance pour vous nuire ou pour causer votre chute.

La Bible nous montre une alliance entre Hérode et Pilate contre Jésus. Luc 23:12. « *Et ce même jour*, ***Pilate et Hérode devinrent amis; car auparavant ils étaient ennemis*** ».

Pour détruire votre destinée, une association des brigands feront alliance alors qu'ils ne s'aiment pas mais qui s'assemblent contre un ennemi commun.

Il y a des personnes dans la vie qu'il ne faut jamais souhaiter de rencontrer. Ils viendront avec l'objectif de constituer un grand obstacle à votre bénédiction. D'autres viendront comme des amis mais intérieurement, ils ne sont que des loups.

Ils y a des personnes qui viendront avec sourire pour solliciter une place dans votre vie mais avec un objectif de vous nuire, de vous rabaisser à un niveau où vous deviendrez un sujet de critique et de honte.

Sur le chemin vers l'accomplissement de la destinée il faut apprendre à dire à certaines personnes au-revoir, à certaines relations c'est fini, à dieu, je ne veux plus.

Dans l'accomplissement de la destinée, il y a des personnes qu'il faut accepter d'abandonner afin que Dieu mette sur votre chemin les personnes de ta destinée.

⇒ *Dalila brigand dans la vie de Samson*

L'histoire de Samson doit servir d'avertissement à chacun de nous. Samson était une personne de destinée. Il avait rencontré une personne appelée Dalila en faisant d'elle une amie et l'amour de sa vie jusqu'à lui dire même ses secrets. Mais Dalila n'était un brigand qui cherchait qu'à lui rabaisser. Malheureusement, le manque de discernement de Samson lui coûta ainsi toutes les grâces que le Seigneur lui avait accordées. Dalila a dépouillée Samson de trois (3) choses qui caractérisaient le ministère et la destinée de Samson:

1) *Dalila a l'dépouillée de la sainteté* : les sept tresses qu'il avait représentaient la sainteté de Dieu. « *Et ayant appelé un homme, elle rasa les sept tresses de la tête de Samson, et commença ainsi à le dompter...*» Juges 16:19.

2) *Dalila l'a dépouillée de la force ou l'onction* : tout appelé de Dieu qui tombe dans le péché perd

l'onction. Dieu ne marche pas avec ceux qui vivent dans le péché et qui désobéissent à sa Parole. La force de Samson venait de l'onction du Saint-Esprit. En chutant, celle-ci lui fut retirée et Samson redevint un homme ordinaire (Romains 3:23). C'est la présence du Seigneur qui fait notre force et non nos capacités physiques ou intellectuelles. « *L'Éternel s'était retiré de lui* » Juges 16:20.

3) *Dalila l'a dépouillée de la vision* : « *Les Philistins (...) lui crevèrent les yeux* » Juges 16:21. Les yeux crevés symbolisent la perte de la vision initiale que Dieu lui avait confiée.

L'histoire de Samson doit servir d'avertissement à chacun de nous. Or, la Bible dit dans Proverbes 29 :18 « *Quand il n'y a pas de vision, le peuple est sans frein* ».

La vision est la lampe, la locomotive de notre ministère, elle crée la motivation et l'unité dans une équipe de ministères. Si nous la perdons, notre ministère devient stationnaire et fade. « *Ton œil est la lampe de ton corps. Lorsque ton œil est en bon état, tout ton corps est éclairé ; mais lorsque ton œil est en mauvais état, ton corps est dans les ténèbres* » Luc 11:34.

Samson avait perdu la vision à tel point qu'il était devenu un danseur. Il ne savait plus qui il était. C'est avec triste que je lis ce passage de Juge 16:25 « *Et il arriva, comme ils avaient le cœur joyeux, qu'ils dirent: appelez Samson, et qu'il nous amuse! Et ils appelèrent Samson de la maison des prisonniers;* ***et il joua devant eux**...*»

Lorsque vous donnez au diable l'opportunité de de vous rabaisser, il n'hésitera pas de le faire. C'est un dépouilleur. On ne blague pas avec le diable.

L'apôtre Pierre nous monter l'un des grands caractéristiques du diable dans 1 Pierre 5:8 « *Soyez sobres, veillez.* ***Votre adversaire, le diable, rôde comme un lion rugissant, cherchant qui il dévorera*** ».

Je me répète encore, l'histoire de Samson doit servir d'avertissement à chacun de nous.

- Témoignage : Lorsque j'étais étudiant en Droit à l'Université Officielle de Bukavu (U.O.B) à l'Est de la RD. Congo. J'avais des amis étudiants du même campus qui faisaient des complots à certaines filles jugées calme, timide, orgueilleuse, etc. Leur objectif était de coucher avec ses filles, prendre des captures des photos de ses filles étant nue et soit publié ou monter cela à des amis.

Ce témoignage ci-haut me rend souvent triste lorsque j'observe cette génération. Plusieurs filles ont hypothéquées leur destinée. Plusieurs sont dépouillées dès la jeunesse par des brigands. Elles prient le mariage mais tout en étant déjà dépouillées ! Plusieurs filles ne sont plus vierges à cause des hommes qui sont venus justement pour accomplir une mission : détruire ta virginité, te faire perdre les bonnes opportunités en te laissant à demi-mort.

L'objectif du diable est de dévorer. Il veut que vous échouer. Comme un brigand le diable n'est qu'un ravisseur. L'apôtre Jean le dira mieux Jean 10:10 « ***Le voleur ne vient que pour dérober, égorger et détruire;...*** » Voleur, égorger et détruire sont trois verbes qui identifient mieux le diable.

L'un de mes mentors dans le ministère, l'apôtre Roland DALO avait dit un jour dans ses prédications « ***l'une des stratégies du diable est qu'il est un avorteur des destins*** ». J'ajouterais même en d'autres termes, ***« Le diable est un médecin spécialiste en avortement».***

❖ <u>Témoignage</u>: Sur le parcours de mon ministère il m'était arrivé un temps où le diable m'avait fortement malmené. J'étais affaibli dans la foi chrétienne et découragé par la vie. Je m'étais créé des amis païens et ivrognes. Avec eux, je m'étais plongé terriblement dans l'ivrognerie et la musique profane à tel point que je pouvais me vanter de cette vie-là. Je prenais des boisons fortement alcoolisés du matin au soir et presque chaque jour avec ses mêmes amis. J'avais oublié presque l'ouvre de Dieu et la destinée que Dieu avait tracé pour moi. Je me laissais donc conduit par ses personnes que j'appelais «*amis*». Je commençais même à fumer terriblement. La notion du péché était quasiment rejetée dans mon esprit à tel point que je pouvais le défendre. Que j'avais plus envie de prier, d'aller à l'église. Je me dirigeais droit vers l'apostasie. Mais par la grâce de Dieu, le Saint-Esprit me rappela sa parole, il me rappela qui je suis, d'où je viens et où il veut m'amener. Et je me suis senti humilier et rabaisser et sans importance. J'ai vu comment le diable avait une emprise sur moi et ma destinée. Après cette expérience, j'avais tellement de la haine envers les personnes que j'appelais «*amis*» m'avait dépouillé, chargé de coups, et sont allé en me laissant à demi mort comme cet homme de la parabole de Jésus qui descendait de Jérusalem à Jéricho.

2. *Le Sacrificateur et Le Lévite*

Le sacrificateur est la deuxième et le Lévite la troisième personne que cet homme de la parabole de Jésus qui descendait de Jérusalem à Jéricho avait rencontré.

Un sacrificateur, il est effectivement là pour offrir des sacrifices de la part des hommes d'Israel. Les Lévites étaient les descendants de Lévi dont le nom signifie «attachement, joint». Ils appartenaient à Dieu et étaient au service des sacrificateurs.

Le Sacrificateur trouva cet homme à demi-mort. Premièrement, le Sacrificateur son rôle est de recevoir les sacrifices. Or, le Sacrificateur ne pouvait rien recevoir de cet homme qui était à demi mort. Il n'avait rien à lui donné.

Deuxièmement, cet homme était à demi mort alors que la loi de mosaïque prescrivait au sacrificateur de ne pas se souiller par contact avec un mort ; et le Sacrificateur se détourne de lui.

Dans cette parabole nous constatons que le Lévite est venu passer après le Sacrificateur. Le Sacrificateur a vu cet homme et passa outre et le Lévite à son tour passa outre. Les Lévites enseignaient la loi au peuple.

Le Sacrificateur et le Lévite sont des personnes qui sont dans votre vie qui n'apportent absolument rien.

Il y a des personnes qui sont dans votre vie comme des spectateurs. Ils connaissent vos difficultés mais ne sont pas prêts à vous apporter une aide matérielle, spirituelle ou financière.

Dans cette parabole, le Sacrificateur était prêt à recevoir le sacrifice venant de cet homme mais il était incapable d'apporter aussi un sacrifice en aidant à cet homme. Plusieurs personnes attendent recevoir des choses de vous mais lorsque il arrive le moment où vous attendez de l'aide venant d'eux; les uns passent à gauche et d'autres à droite. Vous ne bénéficiez rien d'eux.

Dans cette parabole, le Lévite était prêt à enseigner la loi mosaïque à cet homme mais il était incapable de l'appliquer à son tour à cet homme. Il a des personnes qui sont comme des donneurs de leçons (des Lévite), ils prêchent l'amour mais vivent dans la haine, la jalousie, l'envie de tuer, l'envie d'empoisonner, ils vivent dans des conflits, etc. Des donneurs de leçons.

Dans la vie vous rencontrerez sûrement des Sacrificateurs et des Lévites qui passent l'un de gauche et l'autre à droite. Ils vont laisser votre vie dans le même état, au même niveau sans apporter quelque chose de nouveau qui va vous permettre à accomplir votre destinée.

Dans le chemin vers l'accomplissement de la destinée vous rencontrerez des hommes et femmes mais il faut toujours vous posez les questions suivantes: **pourquoi je suis avec telle personne comme relation ou ami ? Elle m'apporte quoi sur ma vie charnelle ou spirituelle ?**

L'apôtre Pierre avait posé une question pareille à Jésus: « *Pierre, prenant la parole, lui dit: voici, nous avons tout quitté, et nous t'avons suivi;* ***qu'en sera-t-il pour nous*** *?*» Matthieu 19:27.

En réponse, Jésus n'a pas traité Pierre de charnel mais il lui a répondu: «*je vous le dis en vérité, quand le Fils de l'homme, au renouvellement de toutes choses, sera assis sur le trône de sa gloire,* ***vous qui m'avez suivi, vous serez de***

même assis sur douze trônes, et vous jugerez les douze tribus d'Israel». Matthieu 19:28.

Dans Marc 10:29 Jésus dit à Pierre « *il n'est personne qui, ayant quitté, à cause de moi et à cause de la bonne nouvelle, sa maison, ou ses frères, ou ses sœurs, ou sa mère, ou son père, ou ses enfants, ou ses terres,* ***ne reçoive au centuple, présentement dans ce siècle****, des maisons, des frères, des sœurs, des mères, des enfants, et des terres, avec des persécutions, et,* ***dans le siècle à venir, la vie éternelle****.* »

⇒ *La séparation d'Abraham et Lot*

Certaines personnes qui sont avec vous dans le ministère peuvent devenir de véritables freins pour votre percée, c'est pourquoi Dieu est parfois obligé de vous séparer d'eux, comme il l'a fait avec Abraham et Lot.

Lorsque Dieu demanda à Abraham de sortir de sa patrie, Abraham commit une erreur, celle d'avoir amené Lot avec lui. Très vite, les problèmes commencèrent, les bergers des troupeaux d'Abraham et ceux des troupeaux de Lot se querellaient. Le père de la foi comprit alors qu'il fallait se séparer d'avec son neveu.

Ce n'est qu'après cette séparation, que Dieu lui montra tout le pays de Canaan qu'il avait réservé à sa descendance (Genèse 13:14-15). Dans la destinée il faut se séparer des Lot. Les Lot sont des personnes qui sont avec vous comme des frères ou amis alors qu'en réalité ils vous attirent que les problèmes et des conflits.

Le nom de Lot signifie « *voile* ». Tant que Lot était avec Abraham ; Abraham était voilé et ne pouvait pas cheminer vers sa bénédiction.

Pour mieux avancer dans la destinée avec Dieu, il faut apprendre à dire à certaines relations AU-REVOIR, C'EST FINI, ADIEU...

Il y a des personnes qui sont comme un voile sur le chemin de votre destinée. Comme Abraham qui a dû se séparer de son neveu Lot. Certaines personnes que vous côtoyez peuvent être des obstacles par leur manque de foi à la vision et à l'appel que Dieu vous a donnés. Séparez-vous d'eux.

3. *Un Samaritain*

Mais le Samaritain en arrivant auprès de cet homme ne s'est pas demandé s'il avait le droit de s'approcher de lui où pas. Il ne lui a pas demandé s'il était de quelle région, si il était converti ou pas, s'il était de quelle tribu, si il était de quelle nationalité, etc. Le Samaritain a fait, lui, ce qui est nécessaire, avec compassion, avec amour.

La bible dit, Luc 10: 33-35, La Bible dit que le Samaritain «... *s'approcha, et banda ses plaies, en y versant de l'huile et du vin; puis il le mit sur sa propre monture, le conduisit à une hôtellerie, et prit soin de lui. Le lendemain, il tira deux deniers, les donna à l'hôte, et dit: Aie soin de lui, et ce que tu dépenseras de plus, je te le rendrai à mon retour* ».

Sur le chemin de la destinée, Dieu mettra des hommes et femmes qui seront en mesure de te prendre à un niveau bas pour t'amener à un niveau supérieur.

Voilà pourquoi il faut prier Dieu de vous faire rencontrer des personnes qui seront pour vous une source de bénédiction. Et ses hommes et femmes lorsque vous les découvrez s'attacher à eux.

Mais pour d'autres personnes, il faut accepter de vous séparer d'eux comme Abraham a fait avec Lot.

CONCLUSION

C'est aberrant de dire que nous avons conclu ce grand sujet sur ***les 5 pas vers l'accomplissement de la destinée*** car, la matière nous est très grande et très riche.

Il est vrai que nous n'avons pas tout dit mais nous croyions par la grâce de Jésus-Christ que nous vous avions fourni les 5 pas à faire pour accomplir avec succès votre destinée, la destinée que Dieu a tracée pour vous. C'est ainsi que Jérémie va dire dans Jérémie 29:11, Dieu a un projet de bonheur pour ses enfants. « ... ***projets de paix et non de malheur, afin de vous donner un avenir et de l'espérance.***»

Que toute la gloire soit rendue à celui qui nous aime et nous perfectionne, Jésus-Christ de Nazareth !

N'oublions surtout pas que l'Epoux REVIENT !!!!!!

Le Seigneur est entrain de purifier son Eglise, en vue des noces, Alléluia !

Que Dieu vous bénisse !

BIOGRAPHIE

1. L-M. Grant, *mauvais endroit*, article disponible sur : www.bible-note.org/article-1406-au-mauvais-endroit.html

2. *Nouveau dictionnaire petit Larousse*, librairie Larousse, Paris, 1971.

3. Shora KUETU, *Entre les mains du potier*, Edition Alliance des Nations pour Jésus-Christ, 2012.

4. Shora KUETU, *La marche avec Dieu*, www.bibledejesuschrist.org

5. Shora KUETU, *Pasteur ou chef d'entreprise ?*, Edition Alliance des Nations pour Jésus-Christ, 2010.

6. Watchman NEE, *Eglise glorieuse*, Edition Living stream Ministry, 1998, www.Ism.org

Table des matières

L'AUTEUR

Moïse ILOKO KITUMBAMOYO est né en 1992 dans la ville de Goma, en République Démocratique du Congo. En 2014, il réussit son diplôme d'Etat en section Commerciale & administrative.

Il fut ses études universitaires à l'Université Officielle de Bukavu (UOB en sigle) où il obtint son diplôme de Droit en 2019.

Depuis 2016, il exerce le ministère évangélique au sein de la communauté ecclésiastique: Mission Evangélique pour le Réveil International du Salut des Ames (MERISA en sigle).

En 2021, il épouse Furaha Adonis MANEGABE. Il est membre et enseignant du Centre d'Etude et Mission Evangélique (CEME) et à l'Ecole Biblique du Chrétien (EBC).

Il s'intéresse aux questions scientifiques en rapport avec la poésie, la sociologie, philosophie, psychologie et la sexologie. Il est auteur des nombreux livres à caractère scientifique et religieux.

Printed by Books on Demand GmbH, Norderstedt / Germany